走遍世界

很简单

ZOUBIAN SHIJIE HENJIANDAN

缅甸大探秘

MIANDIAN DATANMI

知识达人 编著

成都地图出版社

图书在版编目（CIP）数据

　　缅甸大探秘 / 知识达人编著 . — 成都：成都地图
出版社，2017.1（2021.10 重印）
　　（走遍世界很简单）
　　ISBN 978-7-5557-0263-4

　　Ⅰ . ①缅… Ⅱ . ①知… Ⅲ . ①缅甸—概况 Ⅳ .
① K933.7

　　中国版本图书馆 CIP 数据核字 (2016) 第 094445 号

走遍世界很简单——缅甸大探秘

责任编辑：张　　忠

封面设计：纸上魔方

出版发行：成都地图出版社

地　　址：成都市龙泉驿区建设路 2 号

邮政编码：610100

电　　话：028 - 84884826（营销部）

传　　真：028 - 84884820

印　　刷：唐山富达印务有限公司

（如发现印装质量问题，影响阅读，请与印刷厂商联系调换）

开　　本：710mm×1000mm　1/16

印　　张：8　　　　　　　　字　　数：160 千字

版　　次：2017 年 1 月第 1 版　　印　　次：2021 年 10 月第 4 次印刷

书　　号：ISBN 978-7-5557-0263-4

定　　价：38.00 元

前　言

美丽的大千世界带给我们无限精彩的同时，也让我们产生很多疑问：世界上到底有多少个国家？美国到底在什么地方？为什么奥地利有那么多知名的音乐家？为什么丹麦被称为"童话之乡"？……相信这些问题经常会萦绕在小读者的脑海中。

为了解答这些问题，我们精心编写了这套《走遍世界很简单》系列丛书，里面蕴含了世界各国丰富的自然、地理、历史以及人文等社会科学知识，充满了趣味性和可读性，力求让小读者掌握最全面、最准确的知识。

本系列丛书人物对话生动有趣，文字浅显易懂，并配有精美的插图，是一套能开拓孩子视野、帮助孩子增长知识的丛书。现在，就让我们打开这套丛书，开始奇特的环球旅行吧！

路易斯大叔

美国人，是位不折不扣的旅行家、探险家和地理学家，足迹遍布全世界。

多多

10岁的美国男孩，聪明、活泼好动、古灵精怪，对一切事物都充满好奇。

米娜

10岁的中国女孩，爸爸是美国人，妈妈是中国人，从小生活在中国，文静可爱，梦想多多。

目 录

目 录

"路易斯大叔，你去过茵莱湖吗？"多多气喘吁吁地跑进来问道。

"你怎么突然问起这个来了？"路易斯大叔有点好奇，不知道为

什么这个调皮好动的男孩突然对一个如世外桃源般静谧的旅游景点产生了兴趣。

"是弗兰克问我的，他说我一定不知道那儿。他还笑话我，说我根本欣赏不了茵莱湖的美。"

听到多多的回答，路易斯大叔笑了，他拍拍多多的小脑瓜说："多多，你这个好朋友弗兰克，对你还真是挺了解呢。"

多多噘起了嘴："他瞎说！我也不是只喜欢那些热闹好玩的地方。风景很漂亮、环境很安静的地方，我也很喜欢去呀。"

路易斯大叔被他的话逗得笑了起来。多多有点不服气，正要再开口，门口却响起了轻快的脚步声，米娜清脆的声音也随即传了进来：

"路易斯大叔，快尝尝我新烤出来的蛋糕。虽然是第一次做，可我觉得做得还挺成功的呢！可惜没找到多多，

这个馋猫今天没有口福喽……"

正说着，米娜就进了门，见多多也在，她顿时笑出声来："原来你在这儿啊。我就说嘛，哪次有好吃的都少不了你。"

米娜把手里的纸盒放到桌上，见多多还是一动不动地傻站着，不由得奇怪起来："哎，今天怎么回事啊？看见蛋糕都无动于衷，馋猫转性啦？"

多多气呼呼地说："哼，你俩跟弗兰克一样，就以为我是贪玩、贪吃的小孩，告诉你们，我……我可不是那么肤浅的人！"

米娜一听，又忍不住笑起来。路易斯大叔也不管他，毫不客气地先拿起一块抹茶蛋糕尝了尝，说："唔——味道真不错。咱们再出去旅游的时

候，你做些蛋糕带着，这可比飞机餐好吃多了。"

米娜听出了路易斯大叔话里的意思，兴奋地问："路易斯大叔，您是想再带我们去旅行吗？咱们什么时候去啊？"

路易斯大叔看着她急切的样子，禁不住笑出声来："看来你的蛋糕真不能白吃，刚吃了一块，就要我带你们去玩。呵呵，告诉你们吧，我确实在计划下一次的旅行了。不过呢，在多多进来之前，我还一直没有想好去哪里。"

多多这下也顾不上生气了，纳闷道："我？我什么也没说啊。"

路易斯大叔一本正经地说："是你刚才提的问题启发了我，所以

我想到了一个地方。这个地方呢，跟你们以往去过的地方都有点不一样，或者说，那里的人们有着跟我们完全不同的生活状态。你们到了那儿，甚至会觉得他们像是生活在另一个星球上一样。那是一种最纯真、最质朴、最能令人沉静下来的生活状态。"

这几句介绍勾起了多多和米娜的兴趣。米娜问："难道我们这次要去非洲的哪个原始部落？"

路易斯大叔对她摆了摆手："纯真质朴跟原始可是两码事哦。多多，你来公布答案吧。"

"我？"多多被路易斯大叔问得一头雾水。

"你不会一生气就忘了自己今天是为什么来的了吧？"路易斯大叔笑着问。

"我是来……嗯，弗兰克，茵莱湖……呃，我们是要去茵莱湖所在的国家——缅甸？"多多终于有点回过神来。

路易斯大叔笑着点点头："你们各自回去收拾一下行李吧。这一次，咱们就去这个神秘的东方国家。"

第1章

第一站，曼德勒

　　一转眼，就到了出发的日子。对米娜和多多来说，这次的旅程与以往完全不同，因为他们对这次的目的地一点都不了解。

　　在出发之前，米娜查了查资料，但那也只是一些生硬的数据，譬如缅甸与老挝、泰国、中国、印度和孟加拉国毗邻，国土面积约68万平方千米，人口约5000万；大部分地区位于北回归线以南；一年中，十月到二月是天气晴朗、温度适中的凉季，三月到六月是烈日炎炎、

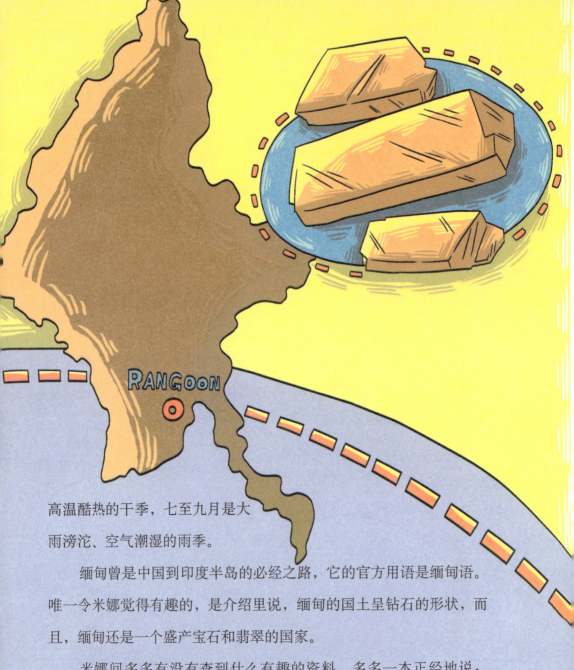

RANGOON

高温酷热的干季，七至九月是大
雨滂沱、空气潮湿的雨季。

缅甸曾是中国到印度半岛的必经之路，它的官方用语是缅甸语。
唯一令米娜觉得有趣的，是介绍里说，缅甸的国土呈钻石的形状，而
且，缅甸还是一个盛产宝石和翡翠的国家。

米娜问多多有没有查到什么有趣的资料，多多一本正经地说：
"对于陌生的事物，还是继续保持它的神秘感吧。"

米娜忍不住轻轻敲了一下他的头："懒就是懒，还装模作样地讲
大道理。"

多多连忙捂住头："哎哟好疼！我知道路易斯大叔肯定什么都知道，你也会去认真地找资料，所以，我只要听你们讲就是了嘛。"

米娜拿他没办法，又去问路易斯大叔："咱们第一站准备去哪里呢？"

路易斯大叔有心考考米娜："我给你一些提示，你来猜猜——这个地方是缅甸的第二大城市，位于中部偏北的内陆，它还曾经是缅甸皇朝的都城。这座城市名字的含义是'多宝之城'。"

米娜觉得自己对"多宝之城"有些印象，但就是想不起来这个城市叫什么名字，眉头不禁微微皱了起来。

"曼德勒。"旁边的多多忽然插嘴说。

别说米娜，连路易斯大叔都有些吃惊，两个人异口同声地问："你怎么知道的？"

多多得意地说："因为我偷偷看到了路易斯大叔买的机票嘛。"

飞机缓缓降落在曼德勒机场。多多听路易斯大叔说这是缅甸的第二大城市，于是早就做好了心理准备，打算一下飞机就紧跟路易斯大叔，寸步不离，以防一不小心把自己弄丢在异国他乡。

可没想到的是，候机大厅并不大，而且里面空荡荡的，以至于多多和米娜都以为飞机飞错了城市。可是路易斯大叔却神色如常地取了行李，然后等着出关。

多多凑到路易斯大叔身边，悄悄地问："这儿……就是曼德勒？"

路易斯大叔点点头："对啊，没错，我们已经到曼德勒了。"

米娜在旁边轻轻地说："可是，这并不像你说的第二大城市的样子啊……"

路易斯大叔这才看出这两个孩子的疑虑。也难怪，他自己出去探险的时候当然见识过更恶劣、更简陋的环境，可多多和米娜这两个从小生活在优越家庭的孩子，还是第一次领教这样的状况。于是他笑着对他们俩说："还有更多的意料之外在等着你们呢，我保证这次旅行一定会让你们难忘的。"

走出机场，一股热浪扑面而来。多多习惯性地开始四处找机场开往酒店的大巴，路易斯大叔左顾右盼了一会儿之后，朝不远处一个举着牌子的人招了招手。多多仔细看去，那个牌子上工工整整地写着

路易斯大叔的名字。他疑惑地问："路易斯大叔，难道你在这里有朋友？"路易斯大叔说："唔，算是没见过面的朋友吧。而且，是咱们决定来缅甸的第二天才认识的。"

远处那个人看见路易斯大叔一行，放下牌子，钻进身边一辆看起来很破旧的汽车里。那车身上有几个破洞，他在里面突突突地打了半天火，才把车晃晃悠悠地开了过来。

这个场景让米娜和多多瞪大了眼睛，半天都没合上嘴巴。路易斯大叔见怪不怪地。一边跟司机交谈，一边打开后备箱，把三个人的行李依次放进去，然后坐在了副驾驶的位置。多多拉开后车门，与米娜一起坐在后排。这辆车就这样载着他们，突突突地喷着烟，向旅店的

方向开去。

　　两个小家伙透过车窗贪婪地向外面望着，希望能领略一下异国风情，但是过了没一会儿，他们就开始失望了：路两边是一望无际的开阔平原，间或点缀着一块块庄稼地，毫无美景可看。这与其他国家从机场通往市区之路的沿途景象完全不同。

　　走了好一会儿，道路两边才开始出现了楼房，但都是直接用砖砌出来的，非常简陋，而且也只有三、四层高。街上汽车很少，偶尔遇到几辆，也都是很老的样式，而且噪音比他们坐的这辆还大，相比来说，他们坐的这辆车已经算是不错的了。

　　多多终于忍不住了，往前探探身，问路易斯大叔："咱们什么时候才能到曼德勒市区啊？"

路易斯大叔左右看看，又跟司机嘀咕了几句，然后转过身回答多多："我们现在已经在曼德勒市区里了呢。"

　　多多和米娜听了，又把脸挤在车窗玻璃上往外瞧。窗外的街道简直就是自行车和摩托车的世界，两边的建筑物也与自己熟悉的高楼大厦截然不同。几层高的小楼显得很陈旧，临街偶尔有些卖零食和杂货的小店，还有摆在店外旧桌子上的公用电话……这里更像一个20世纪60年代的普通亚洲小镇。

　　这里的空气倒是很好。白云像大团的棉花，懒懒地挂在碧蓝的天空中。灿烂的阳光洒向大地，被道路两边青翠的椰子树遮挡出凉爽的阴影。街上到处都是皮肤黝黑、身材健壮的当地人，虽然他们周围的环境看起来破旧而简陋，但每个人的脸上都洋溢着灿烂的笑容。

多多突然拉了拉米娜的衣角："快看！"米娜顺着多多指的方向望去，原来是一队身上斜披着红色纱质袈裟、手里托着钵盂的僧人。"那边也有！"米娜指着另一个方向。果然，那边也有装束相仿、三三两两的僧人，正站在一户人家的门前与看起来像住客的人说着话。

路易斯大叔侧过身来："这样的景象在这里多的是。而且，往后

这几天里，每天都会发生很多让你们觉得新奇的事情，所以，你俩的'吃惊'得省着点儿用哦。"

汽车在方方正正的楼房之间拐了几个弯，停在了一所幽静的院落前。

"咱们住的地方到了。"路易斯大叔说。

米娜和多多随着路易斯大叔下车，走进院子。一个中年妇女闻声迎了出来，一边很热情地跟路易斯大叔打着招呼，一边接过米娜的背包，然后引着三人来到二楼的房间。

多多和米娜更纳闷了：为什么路易斯大叔在哪儿都有认识的人呢？

在安顿好之后，多多终于忍不住问道："路易斯大叔，刚才那个阿姨你也认识吗？"路易斯大叔一边擦着脸上的汗，一边说："也是咱们决定来缅甸的第二天才认识的。"

多多更摸不着头脑了。路易斯大叔看出了他的疑惑，解释说：
"这里不像其他国家的旅游城市那样，能够容纳来自世界各地的游客，因此住宿的地方是需要提前预订的。在咱们决定来这里的第二天，我想好旅行的路线之后，就开始逐个预订住处了。去接我们的司机和刚才那位阿姨，就是在电话里认识的。"

"那也太不方便了吧。"多多皱起了眉。

路易斯大叔笑了："也许就是因为这种不方便，才保持了缅甸的纯朴与可爱呢。要知道，我们预订住处时并没有交付订金，也不需要提供什么证件号码，只打了一个电话，人家就又派车去机场，又给咱们

预留好房间。即使问了一下我的名字，也是为了接机时不会认错人呢。"

多多听了，有所触动地点点头。

"咱们现在出去转转吧。"一直没有出声的米娜现在已经对这个陌生而亲切的国度充满了兴趣。

三个人来到楼下，刚才迎接他们的中年阿姨正坐在院子里的一把木椅上读书，看到他们下来，连忙把书放到一旁的木桌上，拿起桌上一个装满黄色液体的玻璃瓶递给路易斯大叔，嘴里还一直说着话。

多多和米娜只听到她好像在反复说一个词"特纳卡"，别的什么都听不懂。

路易斯大叔微笑着接过玻璃瓶，行了一个双手合十的答谢礼，然后对多多和米娜两人说："这是本地特产的防晒用品，绝对天然，绝对有效，出门之前，一定得抹上啊。"

说着，路易斯大叔打开瓶子，用指尖蘸着那些液体，在脸上画出电影里海军陆战队队员执行任务时画的那种条纹。米娜也学着他的样子，蘸了一点液体放在手心。但她可没有勇气在脸上画画，只是把液体揉开，然后均匀地涂抹到脸上。那个阿姨一边笑着看米娜涂抹，一

边还做出手势告诉她哪里没有抹到。

多多则觉得这是女孩子才做的事情，所以任凭阿姨怎么劝，他都连连摆手。他想：我是男子汉，怎么能怕太阳晒呢？

20

第2章

世界上最大的"书"

多多耐心等待两个人涂抹完了，就迫不及待地问道："路易斯大叔，我们先到哪里去转转呢？"

"哈哈，就你心急呀。"路易斯大叔笑着说，"米娜不是非常爱看书吗？那我们今天就满足她的需求，去看一看世界上最大的'书'。"

"世界上最大的书？有多大？是

用什么纸做的……"多多一听路易斯大叔的话，一连问了好几个问题。

米娜也一脸疑惑地看着路易斯大叔："世界上最大的书，那能有多大呢？"

"现在先不告诉你，到了你们就知道了。"

多多一听，就赶紧拉着路易斯大叔的胳膊朝外面走去，米娜紧紧跟在他们后面。

在路上，路易斯大叔又向两个孩子简单介绍了一下曼德勒这个城市。曼德勒又叫瓦城，早在1857年就建成了，是缅甸最后一个王朝的首都，因为这里盛产宝石，因此还有"宝石之城"的美称。这里文化遗产非常丰富，有大量的古迹，最为著名的要属那些佛塔了……

"难道我们要去看的世界上最大的书和佛塔有关？"米娜好奇地问道。

"米娜真是个聪明的孩子，可以这么说，我

们现在要去的目的地就是古托道塔。"

终于，三个人来到古托道塔门前。多多最心急，立即跑了进去，可是看了半天，也没有找到"书"在哪儿，便用询问的目光看向路易斯大叔。

"多多，你面前的那些大理石碑就是这部大'书'！"

"啊？这石碑怎么能称为书呢？路易斯大叔，你这不是骗我们吗？"多多有些不满意了。米娜没有说话，直接走到石碑的跟前，"这上面还有字呢？"米娜喊道。

"没错，这就是世界上最大的'书'，我说的大'书'可不是用纸做的，而是刻在石碑上的。这部'书'共有730'页'，每'页'都高达1.5米，有2吨多重，总共占地50000多平方米。"

　　"路易斯大叔，这上面刻的是什么内容啊？我怎么都看不懂啊？"米娜问道。

　　"这是佛教的三藏经书，是1871年开始镌刻的，已经有200多年的历史了，但依旧完好无损地保存至今。很多热衷于研究三藏经的学者都曾来这里研读、摘录或者核校，并给予了很高的评价。你们看，这些字字体多么工整秀丽，可以看出当时的刻写技术多么高超！"

　　听了路易斯大叔的一番感慨，两个孩子还真认真看了起来。看了一会儿，多多又忍不住问道："路易斯大叔，既然这是世界上最大的书，那肯定有世界上最小的书了，它在什么地方呢？"

　　"你会举一反三了，也变得聪明了！这个问题嘛，就等着晚上你回去自己去查找资料吧！"

　　欣赏完了世界上最大的"书"，已经中午了，三个人就往回走。

神奇的金叶子

"路易斯大叔，那是做什么的？"三个人来到一条街上，面前是来来往往的人群，米娜突然指着路边一家作坊式的商店问道。

顺着米娜指的方向看过去：透过明亮的玻璃橱窗，他们看见店里有几个人在忙忙碌碌地捶打着什么，后面的一

排桌子上，则是一大片金光闪闪的东西。

路易斯大叔仔细看了一会儿，自言自语地说："难道这就是制作金叶子的地方？"

"什么是金叶子啊？""就是金子做的叶子吗？"多多和米娜接连问道。

"咱们过去看看，就知道答案了。"说着，路易斯大叔带着两个孩子向那家作坊走去。

作坊的门面看起来不大，但里面的空间着实不小。靠墙的地方有一块单独围出来的空地，空地上是几块倾斜放置的大青石，几个满身肌肉的青年男子正用不知名的工具捶打着一块只有多多手掌四分之一大小的金块。

多多见金块在工人们的捶打下很快变成了一条窄窄的金带子，想问路易斯大叔这是在做什么，又怕被米娜笑话，索性继续看下去。

金带子被交到一位坐着的阿姨手里，只见她小心地将金带子分成同样大小的方块，大约是十几份，都放在一个黑色的木盘子里，然后传给邻座的人，进行下一个流程，接下来，是另一群人用手里的石质工具用力捶打这些"小方块"。米娜问："这要捶打到什么时候啊？"路易斯大叔说："现在它们只能算是半成品，大约得捶到有你的巴掌那么大，同时又薄得不能再薄的程度才能叫作金叶子呢。"

多多听了，吐了吐舌头："那不还得捶上整整一天啊？"

路易斯大叔说："没错，差不多真的要整整一天。据说即使是最熟练最有效率的工人，也需要不间断地捶上四五个小时才行。在这一步里，金箔的下面垫了一层油纸，在完工之后，会有专门的人把油纸从金箔上剔除下来。"

好在有成品陈列在柜台中，不然多多绝不会有耐心在这里目不转睛地等上几个小时的。成品大多数是圆圆的薄片，比刚才那种小方块

要大得多，衬在一张蜡黄色的油纸上，就像一轮金色的太阳。

"这也不像叶子嘛。"多多有点失望地说。

"这是由它们的用途所决定的，因为这些是人们买去供奉佛像，专门往佛像的身体上贴的，所以不用做成叶子的形状。那边有专门供游客买回去作纪念的，才是你想象中的那个样子。"说着，路易斯大叔带着多多来到专门售卖纪念品的柜台前。

　　果然，这边柜台里摆放的金叶子才是名副其实的"叶子"，像桃心一样的叶子上，还有大小不同粗细不等的细密叶脉，叶子一头有尖尖的顶端，另一头则有长长的叶柄，简直就跟真叶子一模一样。

　　米娜注意到金叶子在加工过程中的一个细节，她问路易斯大叔说："我看他们把金方块捶打成金太阳的时候，不是一张一张地分开，而是把很多张叠在一起打。那捶打成适合的大小之后，是怎么把它们分开的呢？"

路易斯大叔向米娜投去赞许的目光："你观察得真细致。其实这个答案很简单，你看，他们进行这道工序的时候，先在手上沾一点滑石粉那样的粉末，然后用水牛角做的工具轻轻一挑，就把金箔分开了。"

　　米娜往路易斯大叔示意的方向一看，真的是这样：工人们用一根一端圆圆尖尖、一端宽宽扁扁、看起来有点像簪子的工具轻轻一挑，捶打好的金箔就被分成单独的一片一片了。

　　"这些金叶子是要贴在哪里的佛像上啊？咱们去看看吧！"多多有点坐不住了，他对这里每一种东西的来源与去向都充满了好奇。

　　"这里给佛像上贴金最有名的寺院叫玛哈穆尼寺，即使是把它称作'金子的寺庙'也不过分。那里从内到外都金碧辉煌。"路易斯大

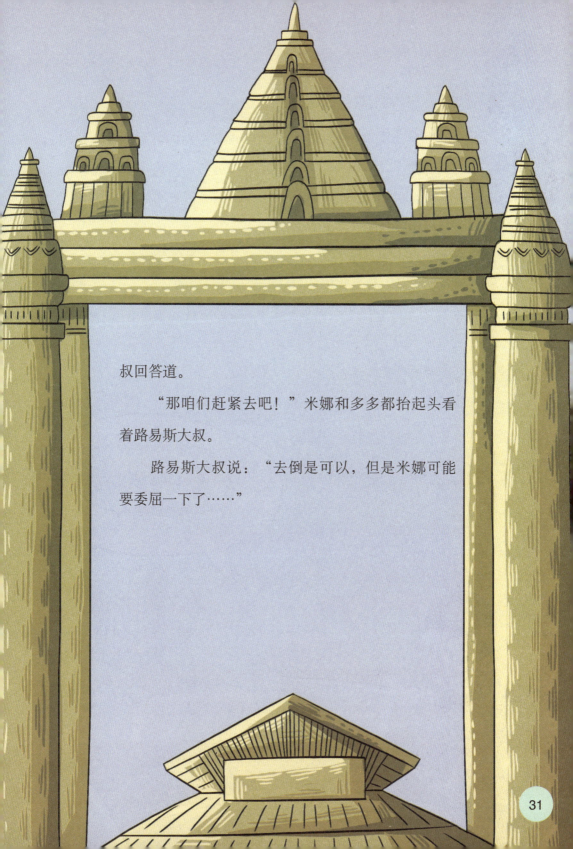

叔回答道。

　　"那咱们赶紧去吧！"米娜和多多都抬起头看着路易斯大叔。

　　路易斯大叔说："去倒是可以，但是米娜可能要委屈一下了……"

金

　　金，是一种金属元素，原子序数为79，元素符号是Au，黄色，有光泽，属于贵重金属，具有极好的延展性和稳定性，受热、湿、氧气等的侵蚀很小。金可以与其他金属形成合金，从而增加硬度或者变换颜色，同时它还是热和电的良导体。

　　金会以颗粒状态藏在岩石中，也会以叶片或大型金块的形式与砂砾一起形成冲积矿床，称为砂矿。

　　除了金融交易，金在医疗、电力传导、工艺美术等方面都有广泛的应用，它是人类最早使用的金属之一，早在两千多年前埃及的象形文字中就已经有关于金的描述。

来到寺庙

看着米娜流露出疑惑的眼神，路易斯大叔继续说："那座寺庙的规矩是，在进行重要的礼佛活动，比如每天早上的浴佛仪式时，女子是不能接近的。平时朝拜的时候，女性也只能在靠外面的大厅里朝拜，不能接近佛像。"

多多说："那不就是说米娜不能进去看了？这样的话我也不去了。"虽然多多和米娜时常斗嘴，但是到了关键时刻，多多才不会丢下米娜不管呢。

米娜自然也不会让好朋友因为自己失去一次增长见识的机会，再者，路易斯大叔只说不能离近了去看，并没有说不能去看啊。所以米娜还是说服了大家一起去那座"金子的寺庙"。

路易斯大叔说的没错，来到寺庙的门口，米娜和多多就已经被雍容庄重的气氛影响了。粗大的门柱连接起一个个拱形的门，门的上方是瑰丽复杂的浮雕花纹，以及大大小小的佛像，这些都是金光闪闪的。除了门柱下半部的砖红色，墙壁本身的白色，其余就全都是闪亮的金色了。

紧接着，他们又来到了马哈穆尼寺里。寺庙的地面上铺的是带着花纹的暗红色大理石，比从外面看到的更加令人震撼。门廊、厅堂中到处都是金色的塑像、浮雕，令人目不暇接。在内殿之中，是一尊两人高的佛像，遍体贴金，佛像的身前尽是鲜花与珠串，虔诚的信徒按照男女的区分各自跪在内、外殿中。瞬间，多多、米娜以及路易斯大叔都被这种肃穆神圣的气氛所感染，恭恭敬敬地对着佛像行了合十礼。

多多大气都不敢出，悄悄拉拉路易斯大叔的衣角，做了个要去旁边转转的手势，路易斯大叔也觉得有些拘谨，就叫着米娜一起，三个人来到了偏殿。

其中一间偏殿里面摆着几尊差不多有两人高的铜像，无论是造型

风格还是衣着神态，都与刚才殿内的佛像差别很大，而且铜像的胸口、胳膊和肚子被摩擦得褪去了外面的漆，显出里面红褐色的铜质。多多看着路易斯大叔，路易斯大叔耸耸肩，表示自己也不知道为什么佛像会变这样。

路易斯大叔身后一个路过的僧侣看出三个人的迷惑，便用不太熟练的英语告诉他们说，这几尊铜像原本是在柬埔寨的吴哥窟，后来流落到了缅甸，传说身体哪里不舒服的人若是摸铜像的相应部位，病痛就会消失。说完，僧侣向三个人行了合十礼，微微鞠了一躬，便走开继续去做自己的事情了。

　　看着那一抹红红的背影，米娜由衷地赞叹："这里的人们都是那么和气善良啊。"

　　"下一个地方去哪里？"多多决定安安心心地度过这几天难得的时光。

37

第4章
好丰盛的水果饭

走在曼德勒的街道上，多多的肚子里传来了"咕噜噜——"的叫声。

米娜"扑哧"笑出来："刚刚说过要安安静静的，你这肚子就不安静了。"多多不服气地说："从早上到现在一直在欣赏美景，精神世界是充裕了，可是肚子里还是缺少物质能量嘛。"

路易斯大叔和米娜听了，同时笑起来。路易斯大叔说："那咱们赶紧找个地方吃点东西休息一下，恢复了体力，还有不少地方要去看呢。"

说到吃饭，米娜有点担心自己不习惯饭菜的口味，于是问道："路易斯大叔，我听说这里的菜偏辣，是不是真的啊？"

　　路易斯大叔说："这个确实有一点儿，因为缅甸菜的口味就是偏于酸、辣，但是你放心，我已经计划好带你们吃什么了，反正是既能体会到这里的饮食风格，又不会刺激到你们接受不了。"

　　不用说，吃饭的地方也是路易斯大叔事前计划的一部分。路易斯大叔带着他们拐了几条街来到了一家看似很普通的饭馆里。

　　店主是一个和蔼的中年人，他见到路易斯大叔，两个人互相行了合十礼，然后又用缅甸语聊了几句，就把他们三个人招呼到一张干净的桌前，请他们坐下，随后在每个人面前放了一大杯看起来很清凉的饮料，便转到后面去忙活饭菜了。

"路易斯大叔，没看见你用菜单点菜啊。"米娜有些好奇地问。

"不用，一来咱们看到的菜名，点出来之后可能跟想象中的菜的原料啊、做法啊都不一样；二来，店主会根据咱们的口味选出美味可口并且营养搭配也很合适的菜的。"路易斯大叔满怀信心地回答说。

多多歪着脑袋一脸坏笑地问："路易斯大叔，你不会是因为不认识菜单上的字吧？"

路易斯大叔一怔，随即哈哈大笑，挠着脑袋说："那也是一方面吧。"

米娜尝了一口店主摆上来的饮料，"真甜！真凉快！"她一边感叹着，一边又喝了一大口。

多多赶紧拿起杯子，咕咚咕咚地大口喝起来。眨眼间，他的杯子就已经空了。多多抹抹嘴："真好喝，这是什么啊？"

"很清凉吧？这是甘蔗汁。"路易斯大叔说。

不一会儿，香喷喷的饭菜就被端了上来。"因为缅甸盛产稻米，所以大米是当仁不让的主食。这里种植的水稻都没有使用过任何化学肥料，种植水稻的水和土地也是没有受到污染的，因此种出来的大米具有原始而浓郁的香味。"路易斯大叔在介绍的时候，还特地用鼻子深深地吸了一下米饭上热腾腾的蒸汽。

然而在这样的天气里，多多和米娜对热乎乎的米饭当然不是很感兴趣的，多多已经开始朝桌上一盘黄澄澄的、看起来很有食欲的凉

菜发起了进攻，一边吃，一边还很认真地告诉米娜："真的不辣，哦……是不那么辣，你可以吃的。"路易斯大叔也从盛着多多正在大快朵颐的菜的盘子里夹起一片，尝了一口。他发现这是自己曾经了解过但从没吃过的一道菜，于是继续给多多他们讲解道："很多热带水果，在这里都会成为餐桌上的名菜，像这一道，你们尝出来它是芒果了吧？"

"芒果？"多多吃了半天，都没敢认定这道菜居然是芒果。

"对啊，芒果先被去掉核儿，切成片。再将黄豆粉、虾皮、虾酱油、切碎的洋葱、炒过的辣椒籽等混合在一起与芒果片拌匀，当然，各种配料的多少可以根据自己的喜好添加。知道米娜怕吃辣，所以今

天的菜都只用一点点的辣椒调味。怎么样，味道还不错吧？"路易斯大叔很得意地问。

米娜点点头："里面的辣味儿刚刚能品尝出来，但是一点也不刺激。而且，加上虾酱油之后，味道可真鲜美啊。"

多多也紧跟着补充："还有点儿酸，也有点儿咸，简直就是……回味无穷啊。"

"你要是不把嘴边的菜汁儿擦干净，不但会让店主回味无穷，还会对你印象深刻呢。"米娜不失时机地笑话了一下多多。

多多也觉得现在的吃相太不符合自己一贯酷酷的形象了，赶紧岔

开话题：“路易斯大叔，还有什么水果是可以经常被做成菜的啊？”

“你看这里到处都是椰子树，最常见的水果当然就是椰子啦。”米娜可没看出多多是为了岔开话题，所以抢着回答。

路易斯大叔接过来说：“对啊，但椰子一般要跟其他的主食混合在一起，做成椰子面、椰子粥，或者把糯米、椰子和白糖做成各种糕点。香蕉也是烹饪中常用的水果，可以跟米饭混合，还可以与面粉一起烙成煎饼呢。”

“天天都吃得这么清淡，要是我可受不了。”多多说。

“清淡没错，但并不是说顿顿都用水果当饭吃嘛。”路易斯大叔说，“这里河流众多，因此各种鱼虾都是餐桌上的常客，为了方便保存，很多东西都需要经过油炸这道程序，等吃的时候再简单加工一下就可以了，而且鸡、鸭的吃法也有不少，至于烧烤，就更多了。"

这时候，店主又端上来一个瓦罐，里面是满满的一罐子汤，路易斯大叔跟他用缅甸语道过谢之后，对多多和米娜说："这是咖喱绿豆汤，店主人知道你们可能不适应这里的天气，所以煮了这个汤，清火的效果不错呢。"多多和米娜不禁向店主的背影投去了感激的目光。

第 5 章

晚霞中的乌本桥

　　吃饱了肚子，路易斯大叔很惬意地坐在饭店院子里的竹椅上，伸伸懒腰，又打了个哈欠，开始闭目养神。多多和米娜不知道他葫芦里卖的是什么药，一起凑过来问："路易斯大叔，下面去哪里啊？你不是准备睡觉了吧？"

　　路易斯大叔看看表，胸有成竹地说："还早呢，你们也先去

休息一下，等会儿到点儿了我就叫你们。"

多多和米娜也斜倚在院子里另外的躺椅上，享受午后暖暖的阳光。四周静悄悄的，一切都显得那么舒适祥和。

太阳逐渐西斜，路易斯大叔把半梦半醒的两个孩子叫起来，与饭店的老板道别后，路易斯大叔对多多和米娜说："咱们现在去乌本桥看日落。"

乌本桥在市区的南端，是一座有着一百多年历史的木桥，据说当初建桥的人名字叫"乌本"，所以这座桥也就以他的名字命名了。

"如果你没去过乌本桥，就不算来过

曼德勒。"路易斯大叔说。

"这么神奇？"多多问。

"我说的也是很多去过那里的人的感受，但是那种古朴的美丽与
自然的结合一定不会让你们失望的。"

站在这座"之"字形的长桥边，多多和米娜被它奇特的构造吸引
住了。路易斯大叔说："这座桥虽然只有2米宽，但是有1200多米长，
桥身都是用这里特产的柚木建造的。柚木是一种坚固珍贵的木材，也
是造船的优质原料，在缅甸的建筑和雕刻领域应用很广。
建这座桥的时候这里还处于英国殖民地的时期，很多柚木
就被砍伐加工运回了英国本土呢。"

"两边全是粗木桩，这得用多少柚木啊？"多多有些感慨。

"每隔将近2米就要竖上一对桩子作为桥桩，每一对桩子上又有一根与桥等宽的横梁，横梁上再铺设木板，这才有了跨越东塔曼湖的乌本桥啊。而且，桥上还分布着供行人遮阳避雨或者短暂休息的六座凉亭，你可以算算会用掉多少木材啦。"

多多才不想动脑计算这么复杂的问题，头摇得像拨浪鼓一样："这可太难了，还是你给我们讲吧。"

路易斯大叔笑笑："这座桥还有另外一个称呼叫'情人桥'，它的背后还有一个美丽的传说呢。"

柚木

　　柚木又称胭脂木、麻栗，属于唇形科柚木属阔叶落叶大乔木，一般生长在南亚或东南亚，以缅甸出产的最为著名，并有"万木之王"的美誉。柚木生长缓慢，叶子大，呈卵形或椭圆形；花期一般在夏、秋两季，花型细小，约有五六片花瓣，花有黄、蓝、白三色，并且具有芳香气息；核果近球形；木材为暗褐色，木质强韧细致、耐久性高，对菌类及虫害抵抗力强。柚木是所有的木材中膨胀收缩率最小的种类之一，属于高级木材，广泛应用于舰船、车辆、建筑、雕刻、家具等方面。

第 6 章

多多成了大火柴

米娜最喜欢听故事了，赶忙问："讲的是什么啊？"

"我也是隐隐约约还记得个大概吧。据说从前一个美丽的翡翠仙女和这里的缅甸王子是一对相爱的恋人，但那个时候交通可不像现在这么便利，于是翡翠仙女长途跋涉来找自己的爱人，缅甸王子则每天都站在桥头翘首以待心上人的到来。

终于有一天黄昏时候，在金色的夕阳

下，翡翠仙女的身影翩然出现了，虽然她面容憔悴身体疲倦、但是眼中却一如既往地充满着满足与幸福的光彩。缅甸王子迎上去，牵着爱人的手，两人相互依偎着慢慢地走过木桥，明镜般的湖面上倒映出两个人的身影。人们看到了日落时在粉红与深紫色霞光里的这个美丽景致，就把这座桥称为'情人桥'了。"

"好浪漫啊！"米娜的眼中满怀憧憬地赞叹道。

说话的工夫，三个人已经来到了桥的中段。"看落日最好的地方，不是在桥上，而是在水里。"路易斯大叔说。

　　"一边游泳一边看？"

多多吃惊地问。

　　"是在船上看。"路易斯大叔笑着纠正了多多这种可爱的想法。

　　路易斯大叔带着多多和米娜选了一艘小渔船登上去，不用多交代，船夫就把小船朝湖中心轻快地划去。

　　头顶的天空已经变成了深蓝色，而地平线附近因为落日的余辉呈现出金黄色与紫红色，静静的湖面因此被染成了一片浓郁的红色，乌本桥的倒影在晚霞中被慢慢拉长。岸边还有绿色的农田，湖面上偶尔吹起的微风，让一根根桥桩的投影变成了一个个跳动的琴键，演奏出飘逸而详和的乐章。眼前的世界仿佛如梦境一般，桥上漫步的人们脸上都洋溢着幸福与满足。米娜和多多陶醉在这样的景致里，几乎忘了举起手中的相机。直到太阳缓缓消失在地平线以下，路易斯大叔才把两个孩子从梦境一般的美景里拉回来："咱们该回去休息了，明天还

有几个地方要看呢。"

　　回到旅馆，路易斯大叔先冲了个凉，然后坐在院子里的竹椅上一边惬意地喝着冰啤酒，一边跟旅馆的主人交谈。多多本来想偷个懒，直接爬上床去睡觉，但在外面走了一天，身上又痒又黏，不得不先去冲个凉。可是冲完凉之后，他来到镜子前，发现镜子里出现了一个红脸怪物，不禁吓得叫出来："啊——"

　　闻声而来的路易斯大叔、米娜以及店主也都被多多的形象吓了一跳，现在的多多就像一根大火柴，身上是白白的但整个脸却是红彤彤的。他看到路易斯大叔和米娜都安然无恙，满脸委屈地说："怎么只有我被晒成这样？"店主回到自己房间，拿了另外一瓶装着早上那种黄色液体的玻璃瓶递到多多的手里，这回多多可不敢再逞强，赶紧行

了合十礼，恭恭敬敬地接过来。

　　等店主离开后，多多问路易斯大叔说："这到底是什么东西啊？你们涂上它就平安无事，我不涂，现在就成了烤大虾。"

　　"这其实是一种树枝磨成的粉，本地人管它叫'特纳卡'，涂在脸上不但能防晒，而且还有驱赶蚊虫的作用。"路易斯大叔指着院子角落里一个比饭碗大不了多少的石磨解释说，"你们看，这里基本上家家都有一个小石磨，在石磨的边上还有小槽，大家把树枝磨成粉，再在磨里面用水搅拌均匀，把顺着水槽流出来的液体装进瓶子，就做出了一瓶天然的防晒霜啦。"

　　"好像可以用它在脸上画出很多不同的图案呢，很多人都在脸上

画出了树叶的形状，白天在街上我还看见有个小女孩的妈妈在小女孩的脸上画了一只可爱的小白兔呢。"米娜已经开始畅想明天出去之前也要在自己脸上画上一个可爱的图案了。

"这到底是什么树枝啊，这么神奇？等我回去的时候一定得背上一捆儿。"多多问道，看来今天晒伤这件事情给他的教训着实不小。

"这是一种在缅甸大量种植的黄香楝树，它与檀香树、樟树等会发出特殊芳香的树木一样，也有一种清新浓郁的味道。"路易斯大叔答道。

多多还是对仅仅是普通的树枝就能有这样神奇的效果感到有点不

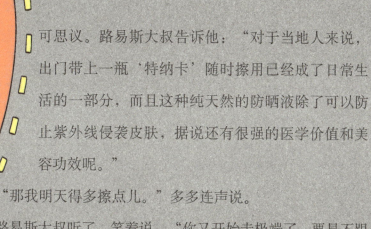

可思议。路易斯大叔告诉他："对于当地人来说，出门带上一瓶'特纳卡'随时擦用已经成了日常生活的一部分，而且这种纯天然的防晒液除了可以防止紫外线侵袭皮肤，据说还有很强的医学价值和美容功效呢。"

"那我明天得多擦点儿。"多多连声说。

路易斯大叔听了，笑着说："你又开始走极端了，要是不跟你说起这个，明天你到处乱涂，到晚上可就真成了货真价实的烤大虾了。要知道，这个要是涂在脸、脖子或者手等经常暴露在外面的部位之外的那些地方，就会出现红斑，得几个星期才能慢慢消退呢。"

多多听了，吐了吐舌头："原来好东西也不能多用啊。"

第7章

梦中的茵莱湖

　　"咱们今天起了大早，坐了那么久的车，又坐了这么半天的船，就看到了这么窄的小河啊。"看着并不宽敞而且带着黄泥颜色的河道，多多有些抱怨了，"还说这是东南亚最漂亮的内陆湖，要真是现在这个样子，那就是虚假广告了。"

　　"喂，是谁昨天晚上一直闹着看照片不睡觉，结果早上起不来床的？"米娜似乎天生就是多多的克星，她一发声，多多果然就老老实实的，不再发牢骚。

　　路易斯大叔笑了："最美的风景总是先需要一段耐心的等待嘛。"

路易斯大叔说的没错，两边的水边小镇慢慢地变得稀疏，逐渐被大片银亮的芦苇和沼泽取代，水道也开始宽阔起来，甚至连空气都湿润多了。终于，两边巍峨的群山令眼前的视野骤然开阔，极目望去也看不到对面的尽头，平静的水面仿佛会一直绵延到天边。

　　"这就是茵莱湖了。"路易斯大叔说。

　　茵莱湖坐落在缅甸东部，面积有100多平方千米，它东西狭窄、南北修长，就像是一片柳叶，点缀在掸邦高原上。

　　"'茵莱'在缅甸语里的意思是'四座湖泊'，所以它其实是由四个小湖汇聚而成的。传说天宫中曾经有四位仙女被这里的秀丽景色所倾倒，便放弃了在天宫中的生活，下凡到这里呢。"路易斯大叔一边按下相机快门，一边讲述道。

多多发现湖水清澈得连下面的水草都依稀可见，湖面上时不时的有海鸥等水鸟翩然飞过。水上摇曳着的渔船很有特色，细长得宛若一根木梭，船只有一人宽，长度却可以达到三四米长，可以坐四五个人。船上的渔民划船姿势也相当独特，他们一条腿站在船尾，另一条腿弯起来夹着船桨，小船随着腿弯里船桨的轻轻摆动在碧波上激起一道道的涟漪；而渔民的手则因此被解放出来，可以更方便地操作特有的锥形竹制漏斗捕鱼。

　　米娜注意到湖中有不少小岛，有的上面长着绿油油的庄稼，有的上面搭着架子，架子上是各种蔬菜。奇怪的是有些小岛在离湖岸稍远些的地方，有些却是在湖边水浅的地方，而且还是一排排的长条状，

最令人惊异的是，它们会随着水流轻轻地晃动。米娜问路易斯大叔：

"路易斯大叔，这些小岛怎么会长得这么规则？它们是天然形成的吗？"

路易斯大叔说："它们是人工建造的浮岛啊，因为小岛可以随着水面的涨落一同上升或者下降，所以永远也不用担心上面种的作物被淹没呢。"

多多觉得这很不可思议："浮岛上面既然种了各种植物，肯定就需要泥土，泥土怎么可能不沉到水里呢？"

路易斯大叔解释道："这才体现出了在这里生活的人的聪明才智呢。他们把坚实的粗竹竿插到岸边的

湖底，固定在厚厚的湖底淤泥中，需要什么形状，就围成什么形状。因为长方形一列列的比较适合他们驾着这种窄窄的船在中间穿行，所以现在我们看到的浮岛就设置成了长方形。"

"插好竹竿，设置好形状还只是修建浮岛农田的第一步，就像修桥先打好桥桩一样。"路易斯大叔说。

一提起桥，多多好像恍然大悟的样子，一拍脑袋，插嘴说："对啊，像修桥一样，我知道其中的奥妙啦！这种浮岛就像乌本桥，先立好桥桩，然后用柚木加工的木板钉成巨大的木槽，装满泥土，再沉在水里那些设置有竹竿的地点，那不就可以种东西啦？"

还没等路易斯大叔开头，米娜已经张嘴反驳他："你这种思维也太不符合逻辑了，柚木是缅甸的国木，即使盛产，也很珍贵啊！可以作为建筑或者雕塑的原料，怎么可能沉在水里种庄稼嘛，难怪你平时总是浪费，因为你根本就不知道爱惜东西！"

多多被说得面红耳赤：“我……我才不跟你吵！”

路易斯大叔赶紧打圆场：“好啦好啦！再吵船都被你俩弄翻了，难道你们想游泳回去啊。”

多多自然不肯放过这个台阶，赶忙说：“路易斯大叔，你赶快揭晓答案，这到底是怎么回事呢？”

路易斯大叔笑着说：“说来也真是再简单不过了，原料当然不会是名贵的柚木，要知道，这湖里的淤泥可是无穷无尽的。当地的渔民把挖出来的淤泥和水藻以及其他一些水生植物混在一起，这种混合物的黏性很大，而且其中营养也很充足。然后渔民把这些淤泥围绕着竹竿堆在岸边浅滩或者湿地上，露出水面的部分覆盖泥土，这不就成了

一个简易而完美的农田了嘛。"

多多又是一拍脑袋："哎呀！我怎么就没想到，这样才是充分利用资源嘛，对吧米娜？"

米娜还在想刚才对多多说的话是不是有点重了，现在多多主动示弱，她自然也不会不依不饶："可不，而且这里阳光充足，也不缺水，上面长出的作物的味道肯定不错，等会儿你要好好尝尝哦。"

米娜发现，有些浮岛的面积很小，只有一两平方米，因此当地渔民可以坐在浮岛上，用脚划水，浮岛也就成了一艘便捷的小船，让渔民在各个岛间漂移，来收获种植的果蔬以及捕捞鱼虾。

湖中最大的岛自然是不能随便漂浮的，那里俨然就是

一个小村镇，上面白色的佛塔比比皆是，最大的一座被称为帕瑞佛塔。这座佛塔与路易斯大叔他们之前见到过的塔相比自然小了很多，但是在茵莱湖中显得非常高大，金碧辉煌。

这里的房屋大多是用竹子或者木头来建造的，而房子的下面总要用一根根像桥桩一样的粗木料支撑，让房屋好像悬在半空一样。多多问："这样做的目的是为了不让房子离水太近，防止潮湿吧？

路易斯大叔说："对啊，这种房子被称为'高脚屋'，这种建造风格已经有很久远的历史了，即使发展到今天，下面的'高脚'从竹子、木头变成钢筋、混凝土，也还是脱离不了基本的架构方式呢。"

"这是由这里特殊的气候环境决定的吧？"米娜也提出了疑问。

"没错，因为这里干季的时候气候炎热，到了雨季降水又很丰

富，所以对于居住场所的要求就要

特殊一些：不能轻易就被水淹没冲垮，还需要

能保持干燥通风；而且，生态环境也要求房屋建得尽量跟地

面有些距离，这样不但可以防范野兽的袭击，也能尽量避免地面上生

活的爬虫时不时来骚扰。"路易斯大叔回答说。

　　"好像东南亚的很多国家都有这样的房子，那种叫'吊脚楼'的，

也是在说它吧?"多多把印象中一个感觉很近似的名词罗列了出来。

　　路易斯大叔想了想，说："它们还是有区别的，这种高脚屋看起

来是分上下两层的，但上层住人，下层只是木桩或者竹桩围成的通透

空间，用来放置杂物；而吊脚楼可以盖很多层，它的正屋修建在实地上，厢房只有挨着正屋的那一边接触到实地，其余三面悬空着，都是靠下面的木桩支撑，空闲的地方作用自然也是跟高脚屋的一样，有的家庭还会在下面养些小型的动物呢。"

在岛上的一家手工织坊里，米娜被一个特殊的场景吸引住了。吸引她的并不是巨大的木框子中那种坚实笨重的老式织布机，而是织布机前那位白发苍苍的老奶奶，她正在熟练地使用已经磨得光滑油亮的梭子穿引一种看起来像棉又像麻，但是比棉线要亮、比麻线要光滑的线。

"老奶奶这是在用什么线织布呢？"米娜问身后的路易斯大叔。

"喏，就是这个。"路易斯大叔到门口转了一圈，回来时手里捏着一根短短的细细的、深褐色柱状的东西。米娜接在手里，仔细看了看，好像是一小段某种植物的茎。

"这是什么啊？"米娜还是没看出来其中的究竟。

路易斯大叔说："猜不出来了吧？这是莲花的茎啊，这个老奶奶手里的线就是用莲花的茎作原料做的，而且你身后的这些布，也都是用这种不起眼的茎织成的哦。"

"路易斯大叔，你又在逗我们玩了。"多多在旁边率先提出了异议，"这就像树叶的柄一样，夏天虽然软软的，但是一到秋天失去了水分，就会变得干干脆脆的，一折就断，怎么可能用来织布呢？"

路易斯大叔笑着从米娜手里拿过那段莲花的茎，用身上带的瑞士军刀小心翼翼绕着它的轮廓画了一个圆，然后两只手分别捏住茎的两

端，把它慢慢地拉开，断裂的茎中间居然出现了很多密密的细丝，在阳光的照射下晶莹透亮。

米娜意识到路易斯大叔的演示一定与织布机上的线有某种特殊的联系："难道……"

路易斯大叔点点头："没错，织布用的线，就是用这种丝为原料做的。其实你们对这种丝也并不陌生啊，'藕断丝连'说的不就是它的丝吗？"

多多还是表示怀疑："这种丝又细又软，怎么抽得出来呢？"

路易斯大叔说："确实是这样，很多人都有过这样的想法，但是

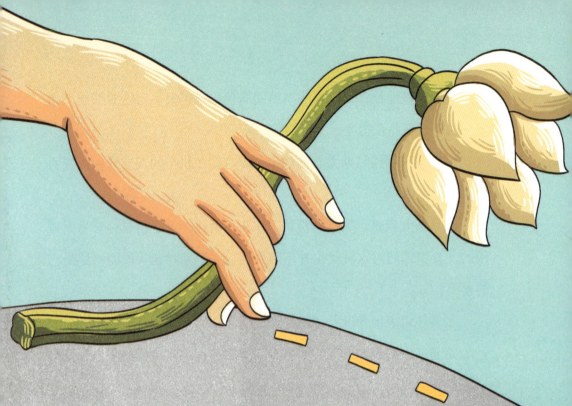

一旦停留在'怎么抽得出来呢'这个结论上，自然就放弃了。在将近100年前，这里有一位更老更老的老奶奶，她经过很长时间的思考和很多次试验，像汤姆·克鲁斯的电影一样，把不可能的任务变成了可能。"

看着多多惊讶地张大了嘴，路易斯大叔继续说："把莲花茎里的丝抽出来当然也不是件容易的事，但不容易不代表做不到啊，只要细心加上耐心，就会完成得很好。这些丝被抽出来之后，还需要小心地搓成线，才能进入染色或者上织布机的步骤呢。"

米娜想起了一个问题："可是，那位更老的老奶奶怎么会想起来要试着用莲花的茎抽丝织布呢？难道是当地所产的棉花不够用？似乎这比种棉花纺棉线织布成本高得多，过程也复杂多了呢。"

路易斯大叔说："这则要追溯到很久以前的一个故事了。传说乔达摩·悉达多看到了自己王国里那些老、病、死等悲苦的现象，于是决定放弃自己王子的身份，去寻求一种从根本上能使人们得到永恒幸福的方法。这时，有一个僧侣来送给他一件莲花制成的衣服，表示他即将开始心灵洁净的新生活，但是具体这件衣服到底是什么样子，怎么制作的，则没有更详细的记述。那位更老的老奶奶想用自己的虔诚为心中的信仰做一些事情，于是以莲花茎抽丝、纺线和织布。"

米娜已经被这种神奇而又神圣的布料完全迷住了，她来到门前的木架旁，架子上大多是整块的布料，乍一看像亚麻布一样，经纬线之

间有很大空隙，它们被染成各种鲜艳却不妖娆的颜色，其中又以玫瑰红与宝石蓝色系居多。

米娜轻轻地触摸着这些从传说中衍生出的不可思议的织品，指尖传来一种特殊的柔软、清凉的感觉。

"路易斯大叔，你帮我选一条围巾吧，我想买回去送给妈妈。"说话的居然是多多，这让路易斯大叔吃了一惊：平时都是爱买纪念品的米娜先发起购物攻势的啊，今天怎么……？

多多有些不好意思地说："因为……不知道怎么，我听到这种布

的制作过程，就想起了妈妈每天也是这么耐心、细致地照顾我，桌上香喷喷的煎蛋，床头干干净净的衣服，其实都像那位老奶奶一定要抽出丝、纺成线一样，包含着她细微和无私的爱，所以，我就想……"

"你这个家伙，今天怎么变得这么乖。"米娜笑着朝多多看去，但是她眼睛有些湿润，眼前的多多也变得有些模糊。

在从茵莱湖回曼德勒的路上，路易斯大叔开始和多多、米娜讨论下一步的行程计划了。

"都有哪些地方可选啊？"多多问。

"去曼德勒的古城看一看大皇宫，或者去现在缅甸的首都内

比都转转，再或者直接冲到被称为'万塔之国'的蒲甘去。"路易斯大叔提供了备选的地点。

对于这三个地点，多多的了解程度基本都为零，于是他把头转向米娜。

米娜想了想，说："曼德勒真正意义上的古迹代表，咱们已经看过了，大皇宫曾经是缅甸最后一个王朝——贡榜王朝的行政中心，但原来的王宫已经在第二次世界大战时毁于战火之中，现在这座大皇宫是20世纪末重建的产物。虽然设计方案和用的木料都基本按照原来的样子，整体格局是正方形的，每一边的长度都在3000米左右，外面围着宽阔的护城河，里面还修复了80多座大殿，放置了国王、王后的

蜡像，尽量再现贡榜王朝当时的胜景，可是终究是一座仿古建筑，所以……"

"那就把这个PASS掉，开始进行下一处的讨论。"多多倒是回答得很干脆。

"很多人都觉得缅甸的首都应该是仰光，但是在21世纪初，位于中部锡当河谷盆地的内比都成了缅甸新的首都。"米娜继续讲道，"它原来的名字叫彬马那，在被定为首都之后才改名叫内比都的，在缅甸语里的意思是'都城'。内比都人口近百万，分布在2700多平方

千米的土地上，除了总统官邸、议会大楼等市政建筑，医院、学校、酒店等配套的商业、民用设施也修建得很齐备。"

多多听了连连摇头："这里怎么比刚才的大皇宫还要新啊，看来是又一个可以被剔出考虑范围之内的地方。"

毫无悬念的，路易斯大叔一行三人的下一个目的地是蒲甘。

从曼德勒到蒲甘，有飞机、火车和客车几种交通方式，多多本来想建议坐飞机，但是知道飞这条航线的飞机还是螺旋桨式的小飞

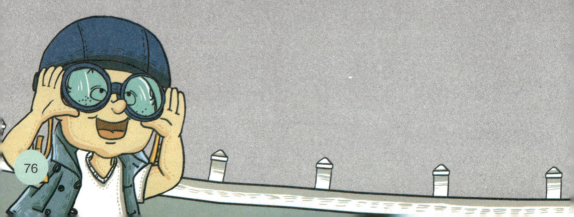

机时，就打消了这个念头。如果多多能预先知道自己强烈要求坐的客车，100多千米的路程要颠簸六七个小时的话，肯定是宁可选择坐小飞机的。

第8章

来到万塔之国

不知道过了多久，多多被路易斯大叔摇醒："多多，醒醒，咱们到了。"

多多揉揉眼睛，挺直了身子左右看看。天已经蒙蒙亮了，但是四周静悄悄的，汽车发出的噪音也随着引擎的停止运转而消失无踪，周围是一片静谧。

路易斯大叔带着米娜和多多下了车，多多一边打着哈欠，一边说："路易斯大叔，你订的旅馆在哪里啊？咱们赶紧去吧，我困死了。"

"懒虫！"米娜在旁边捂着嘴笑话多多。

多多不服气地说："怎么啦？难道你不困？"

米娜扬了扬手里的一本杂志："觉什么时候都能睡，但是这里的景色可不是什么时候都能看得到啊。"

多多仔细看了看米娜手里举的杂志，封面上是一座美丽的红色砖塔沐浴在暖暖的晨光中，四周是氤氲的雾气。当然，封面上那粗粗的黄色方框让多多一下子就看出来，那不是自己的美国《国家地理》杂志吗？

"你怎么把它带来了？不嫌重啊？"多多有些惊奇地问。

　　"你在呼呼大睡的时候，米娜已经跟我讨论了很久关于这张照片的事啦。"路易斯大叔说。

　　米娜抢过来话头，说："当初你看这本杂志的时候，还在那里吹牛，说以后一定要来照片上的地方看看，可是今天咱们真来了，你却嚷着要找地方睡大觉。"

　　"什么？难道？难道那里就是……这里？"多多真的惊呆了。

　　"什么那里这里的，平时我就说你看书的时候只会看图，不知道看字，你还不服气，怎么样，现在没话说了吧？"米娜不依不饶地教训起多多。

　　多多用求证再加上求助的眼神，望向路易斯大叔。

　　路易斯大叔点点头："米娜说的没错，图片上就是这里——蒲

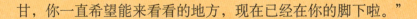

甘，你一直希望能来看看的地方，现在已经在你的脚下啦。"

多多立刻精神起来："路易斯大叔，咱们现在能看到跟这张照片上一样的景色吗？"

路易斯大叔笑着说："只要你不磨蹭，就没问题。"

话音未落，多多已经背起背包，大步流星地迈开步子走了。

走出去一会儿，多多等不到路易斯大叔和米娜从后面赶上来，回头一看，两个人居然不见了。多多觉得有点害怕，这时，耳边传来清脆的叮叮当当的铃铛声，一辆马车不疾不徐地驶过来。

马车由一匹精神的白马拉着，整个车身就像一把大而简单的靠背椅，由两个半人多高的

车轮支撑着，座位上面还有一个高挑的帆布凉棚，这让多多想起了秦始皇陵附近兵马俑坑里出土的青铜车马。

赶车的是一个戴着棒球帽、皮肤黝黑的本地人，而车上坐着的，却是路易斯大叔和米娜。马车缓缓停在多多身边，路易斯大叔看着目瞪口呆的多多说："本来这种马车是只能坐两个人的，但是赶车的这位叔叔不想让你徒步，你再不上来，我们就走啦。"

那还用说？多多赶忙爬上马车，他可不想跟路易斯大叔斗嘴，现在最重要的是，赶紧看到照片中那样美丽的景象。

等多多坐稳，赶车的人回身跟路易斯大叔用多多和米娜都听不懂的话交谈了几句，然后马车就开始加速快跑起来。

"他在跟你说什么啊？我一句都听不懂。"多多问。

"他是在告诉我，要是再不快点，就赶不上看日出了。我们说的是缅甸语，你当然听不懂啦。"

　　"你还会说缅甸语啊？"米娜的眼神里露出了对路易斯大叔的崇敬之情。路易斯大叔不好意思地说："就会那么简单的几句，糊弄你们还差不多，一跟本地人说话，就彻底露馅了。本地人，尤其是生意人都会些简单的英语，你们也可以试着跟他们对话呀。"

　　瞬间的工夫，马车就从干净的街道上跑进了长着很多大树和矮灌木的地方，随着曙光的来临，他们的身边开始出现一座座形态各异的佛塔。多多和米娜，包括路易斯大叔都已经被那令人窒息的美震慑了，只有赶车的人对这样的场景见惯不惊，一边驾车，一边转头说了一句什么。

　　多多和米娜同时望向路易斯大叔，路易斯大叔说："他告诉咱们，先到一个适合观看日出的塔那里，其他的塔，整个白天他都会陪着咱们慢慢看。"

　　马车再次停下的时候，大家的眼前是一座拥有巨大的正方形塔基的石塔。这座石塔的塔基共有五层，像梯田一样逐渐向上收缩，如果不从大小上比较，它的塔基乍一看很像玛雅文化的金字塔。不同的是，这座塔的顶端并不是玛雅金字塔的那种石室，而是像一座巨大的铜钟那样，越来越细，顶端还有一个金光闪闪的塔刹。

　　远处的地平线上已经微微开始泛出紫红色的光，赶车人回身向路易斯大叔一行三人喊了几句简短的话。尽管米娜和多多听不懂他的语但是从他急促的手势上，也能明白是在催促他们赶紧下车登塔才能来得及看到日出。

在塔基每一边的正中，有一条比两个人并行宽一点的阶梯，路易斯大叔带着两个孩子跑到塔下。这次多多可不会忘记脱掉鞋子的事情，他脱下鞋子甩在一边，三步两步就顺着阶梯往上跑。

只上了一层，多多就累得开始直喘粗气，他抬头看看，还有三层石阶需要爬呢。路易斯大叔和米娜从后面追上来，经过多多身边，多多气喘吁吁地说："路……路易斯大叔，这里看起来也……也不很高，怎么爬起来这么累啊？"

路易斯大叔毕竟经验丰富，所以没有多多这么狼狈，尽管如此，他的额头上也渗出了细密的汗珠。

米娜替路易斯大叔回答了多多的疑问："这里确实不高，可是你没发现它很陡吗？在这么大的倾斜角度上，要是没有旁边的扶手啊，你才上不来呢。"

路易斯大叔笑着说："你忘了我曾经告诉过你，在剧烈运动的时候最重要的是什么了？不管手脚怎么忙，呼吸一定不能乱，两步呼吸一次，保持一个恒定的频率，才能保持运动的状态而且不伤害身体啊。"

多多才不想被认为连米娜的体力都不如，他按照路易斯大叔说的方法，很快就爬到了塔基的顶层。

多多还以为这么一大清早，肯定只有他们

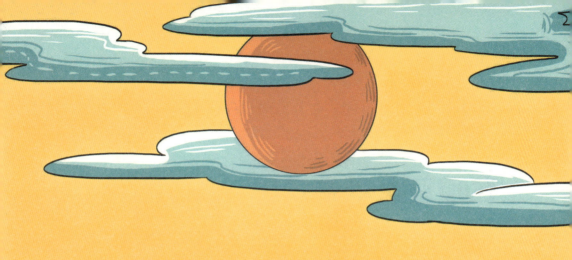

三个登塔的人，没想到，上面已经站了不少人。虽然他们有不同的肤色，说不同的语言，但相同的是人人手里都举着一个相机，把多多吓了一跳。

路易斯大叔一边给自己的相机换好合适的镜头，一边对多多说："咱们登的这座塔叫瑞山陀塔，据说这座塔拥有'全世界最美的日落'，所以现在来这里看日出的人也有很多。因为这座塔所在的地势比其他佛塔要高，虽然它只有50多米，但号称可以俯瞰蒲甘城，而且这座塔是唯一一座登塔的阶梯建在外部的古塔。现在咱们站的地方就相当于一个360°的观景台，所以很多人都是专门来这座塔上看日出日落的。"

这时，人群中出现了一阵阵的惊叹声，地平线上，一轮巨大的红日慢慢冒出了头。路易斯大叔、多多和米娜来到塔边，聚精会神地看着这个壮观的景象。

第9章

在瞭望之塔看日出

　　太阳升起的时候，时间似乎也过得很快，一下子，周围就变得安静下来，除了相机快门发出不间断的"咔嚓咔嚓"声，就只有不远处偶尔传来的几声鸟鸣。

　　随着太阳从大地尽头冒出的面积越来越大，周围那些佛塔仿佛都有了生命，一面映射出祥和的金光，另一面则在一望无际的原野上拖出不断变化的影子，由亮到暗，由长变短，宛若在大地上欢快跳动的音符，轻灵流畅。多多和米娜陶醉在这样不停变幻的美景中，不由得睁大眼睛，屏住呼吸，生怕错过每一秒。

　　当太阳完全升起之后，人群中才又开始了音调各异的低语。多多问路易斯大叔："大家来这座塔看日出，是因为它的观景台，但是为什么只有这座塔有观景台呢？是不是它本身具有什么特别的意义？"

　　路易斯大叔说："还真被你说中了，瑞山陀塔被称为'　望之

塔’，修建它的人是蒲甘王朝的创建者阿奴律陀。”

"阿奴律陀？"多多和米娜异口同声重复了一下这个很拗口的名字。

"是啊。"路易斯大叔知道，两个人疑问的语气代表着自己得简要讲述一下这位建造者的生平，才能让他们俩对这座塔有一个理性的认识。"阿奴律陀在缅甸的历史上名声赫赫，被称作'缅甸的阿育王'呢，他大约在11世纪中期在位，执政30多年，期间大力发展农业，兴修水利工程，当然，也少不了增强军力，除了传统的步兵、象兵，他还在军队中增加了'骑兵'这个兵种。他的精锐部队在对邻近小国的数次战斗中大显神威，这也让他最终统一了缅甸。"路易斯大叔讲道。

"原来他也是个战争狂人啊。"多多得出了结论。

"恰恰相反。"路易斯大叔继续说，"他下令创制缅甸的字母，用来翻译佛典和记录事件，在当时，他的威望以及他统治下的缅甸，在东南亚地区都很有影响呢。"

太阳已经完全升了起来，塔上拍摄日出的人群慢慢散去，多多和米娜还沉浸在刚才美丽的景色里不能自拔。"路易斯大叔，明天我们还来看日出吧？"米娜轻轻地说。

"明天当然要来，而且还要用一种你们从没尝试过的方式看日

出。"路易斯大叔得意地说。

多多看见路易斯大叔一副得意的神情，就知道他肯定不会过早公布答案的，还是关心一下眼前的事情比较好，于是问："那咱们现在是不是可以下去仔细看看这些佛塔了？"

"这个嘛，就交给带咱们游走的马车来安排吧，否则这里有两千多座塔，靠咱们自己啊，怕是一个月也看不完呢。"路易斯大叔同样是早有安排。

马车载着三个人行进的工夫，路易斯大叔简单讲述了关于蒲甘的历史："很久以前，这里只是伊洛瓦底河畔大约聚居着20个小村子的田野，在大约2世纪的时候才建立起一个名叫阿利摩陀那补罗的王国。9世纪中期，频耶王在这里修建了一座四周环绕着护城河、拥有

12座高大的城门的城池。"

"而在11世纪初，刚才说起的那个阿奴律陀成为国王，并通过征战统一了各个小国，建立了第一个封建王朝。他去世之后，他的儿子继承了王位，但不久就在战争中被俘虏了，蒲甘王国的大将军江喜陀逃回来，成了蒲甘的新国王。后来蒙古灭掉了中国的南宋之后，继续向西南进攻，把蒲甘变成了自己的属国，缅甸也重新回到分裂的状态。"路易斯大叔在马车到达蒲甘古城的门口时简要地讲述了蒲甘的历史沿革。

在赶车人的指点下，路易斯大叔告诉多多和米娜，现在眼前的这

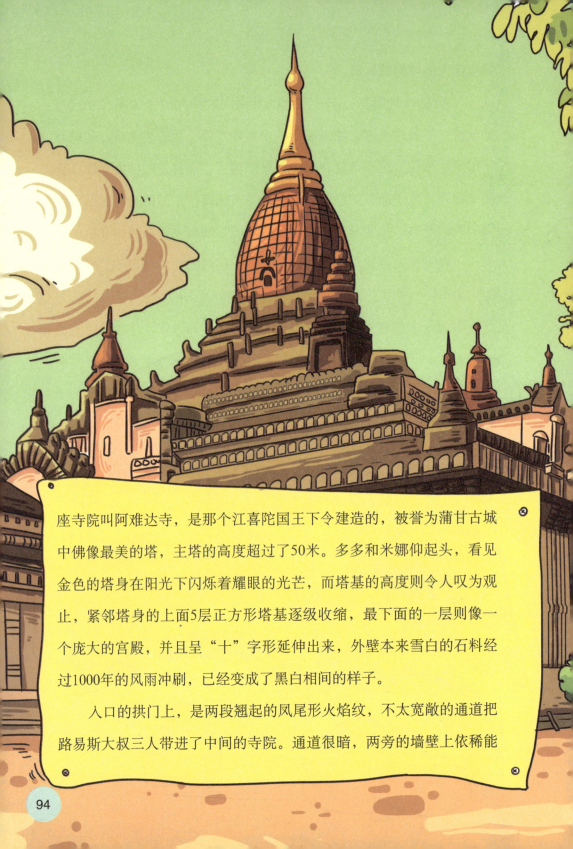

座寺院叫阿难达寺，是那个江喜陀国王下令建造的，被誉为蒲甘古城中佛像最美的塔，主塔的高度超过了50米。多多和米娜仰起头，看见金色的塔身在阳光下闪烁着耀眼的光芒，而塔基的高度则令人叹为观止，紧邻塔身的上面5层正方形塔基逐级收缩，最下面的一层则像一个庞大的宫殿，并且呈"十"字形延伸出来，外壁本来雪白的石料经过1000年的风雨冲刷，已经变成了黑白相间的样子。

入口的拱门上，是两段翘起的凤尾形火焰纹，不太宽敞的通道把路易斯大叔三人带进了中间的寺院。通道很暗，两旁的墙壁上依稀能分辨出雕刻有各种造像。寺院的中央，有分别朝向东西南北的四座佛像，不单是佛像，连火焰形的拱门及两边屹立的墙壁也都是金光闪闪的。"据说这几座佛像每一尊都有10米左右高。"路易斯大叔轻声说，"而且他们的表情都是各不相同的。在天气晴朗的时候，会有一束光从天井上射下来，映衬得佛像更加庄严肃穆呢。"

"真是太美了，1000年前的工匠就有这么高的工艺水平了啊。"米娜不由得赞叹道。

第10章
他冰瑜和达玛雅吉

与阿难达寺相距不远的，就是他们下一个要去参观的他冰瑜塔。他冰瑜塔与阿难达寺在建筑年代上相差不远，因此建筑风格也颇为相似，外壁采用的石材同样是白色，经过岁月的洗礼都已经变成了灰黑，但他冰瑜塔下面一层是一个逐级收缩的大正方形布局，上面才是小的正方形寺庙和慢慢收进的佛塔。远远望去，他冰瑜塔更像一座古朴庄严的城堡。

"这座塔号称是蒲甘第一高塔呢。"路易斯大叔说。

"它看起来的确比刚才看到的阿难达寺还要高，那到底它有多高啊？"多多问。

"60米出头吧。"路易斯大叔一边昂起头看着金光闪闪的塔顶，一边回答。

"蒲甘真不愧叫万塔之国，到处都是塔呢。"米娜说。

"可不是，而且每座塔的造型也是各不相同，但一般来说都要分为塔基、坛台、钟座、复钵、莲座、蕉苞、宝伞、风标、钻球九个部

分，至于需要突出和美化哪个部分，则要看修建者的意思。而且，很多佛塔背后都有属于自己的故事呢。"

说起有故事，米娜和多多都来了精神，路易斯大叔说："但可不是每一个故事都像王子和公主那种温馨幸福的故事哦，下面咱们要去看的那座塔，会吓你们一跳呢。"

马车又在宽阔的平原上奔跑了一会儿，不远处出现了一座体积庞大的黄色砖塔，与刚才看到的石塔相比，显得破败许多。这座塔从外形上看，四面都是方方正正的，越向上收缩得越小，更像中美洲的金字塔。

"这座塔这么破，一定很古老了吧？"米娜问。

"这座塔确实很古老，有900多年历史，但是年龄比刚才那两座都要年轻一点儿呢。"路易斯大叔回答。

"这可真看不出来，年轻的反而看着旧，真奇怪。"多多嘟囔着。

"所以说它是一座有故事的塔啊。"路易斯大叔开始绘声绘色地讲起来，"这座塔叫达玛雅吉佛塔，是蒲甘最大的一座佛塔，正方形的每一个底边大约都在90米，整体高度有将近50米，整座塔全都是用大块儿的红砖堆砌成的，砖块之间一点儿缝隙都没有，号称连根针都插不进去。"

"建造的时候质量要求这么高，说明肯定很受重视，可为什么现在看起来像没人管了一样，破败成这样啊？"多多觉得这实在难以理解。

　　"所以啊，故事要开始了。"路易斯大叔继续说，"修这座塔的国王是那拉都王，据说他原本不是太子，他害死了自己的父亲才篡夺了王位，因此登上王位的方式很不光彩。他还抢占了父亲的一个妻子，这位妻子是印度的公主，因为生活习惯相差太大，两个人时常发生争执，于是那拉都就把她也杀了。公主的父亲当然不会轻易放过那拉都，于是那拉都也被印度王派来的人杀掉了。据说这座塔就是那拉都为了赎罪而下令修建的，在质量、体积和建筑艺术上，都属于当时的最高水平。"

"那是不是因为在那拉都死后,大家唾弃他的行径,连带着对这座塔也很讨厌,所以才不去整修和维护它呢?"米娜觉得这样的推论才比较合乎逻辑。

"没错,而且这座塔没有放置像别的塔那样金光闪闪的塔顶,尤其显得古旧。"路易斯大叔说。

"你还说会吓我们一跳呢,这座塔和这个故事一点也不恐怖!"多多为了显示自己真的不害怕,拔腿就往塔的入口跑去。

塔身的入口前,从前应该是有一个巨大的门楼的,现在只剩下巨型的墙身和残缺的拱门了。塔身的入口比拱门小得多,里面的通道狭

窄而幽深，一直能通到塔顶。底层是两圈回廊，相当于两三层楼的高度，冰凉的砖石地面时而反射着从拱券窗里射进来的光线，里面各处的穹窿都是无梁的结构。

路易斯大叔带着米娜一边欣赏墙上的彩绘壁画和彩塑佛像，一边找已经跑得没影了的多多。

"路易斯大叔，为什么这里有两个并排盘坐着的佛像？在别的塔里可没见到过。"米娜在一处佛龛里发现了这个奇异的场景。

"这也是这座塔与众不同的地方之一，但是原因则众说纷纭，有的说是那拉都王是以此隐喻自己，也有的说是为了虔诚的忏悔，总之还没有一个确切的定论。恐怕这个答案，只有那拉都王自己才会知道吧。"

"啊——救命啊！路易斯大叔！"寂静的塔里突然响起了多多凄厉的叫声，在阴暗得像迷宫一样的通道里还引起了巨大的回声。

路易斯大叔仔细听了听："他在上面，咱们快去！"说着路易斯大叔和米娜两个人急急忙忙地顺着通道往上一层跑去。一边跑，路易斯大叔一边从随身携带的包里掏出了手电、纱布和绳索等应急逃生的

工具。

　　顺着多多的叫声，路易斯大叔和米娜找到接近塔顶的一处通道，一个黑影坐在地上，身体往后仰到几乎躺倒，正是多多。路易斯大叔赶紧上前，发现左右并没有人，于是问："发生了什么事？"多多看见路易斯大叔，眼泪立刻流了下来，声音哆嗦着说："吸……吸血鬼……"说着，手还指向头顶一个黑漆漆的角落。路易斯大叔拧亮手电，一束强光把那个角落照得雪亮，几个黑影从上面猛扑下来，路易斯大叔连忙低头，黑影从他们的头顶掠过，扑扑拉拉地从拱券窗飞了出去。

　　"是蝙蝠嘛。"米娜一下子哈哈大笑起来，"你没有吓尿裤子吧？哈哈哈哈……"

　　路易斯大叔也笑了："刚才被吓了一跳了吧？这座塔没有人维护，游客也少，自然就成了蝙蝠的

家啦，你还是别乱跑喽。"

多多也被自己的大惊小怪弄得满脸通红，好在这里光线暗淡，不会被米娜看见，他赶紧爬起来，嘴里还不忘了嘟囔一句："万一是吸血蝙蝠呢。"路易斯大叔听了，也不禁大笑起来。

"咱们今天要去看的最后一座塔，是蒲甘的佛塔中年龄最大的，也是最金碧辉煌的。"路易斯大叔说。

"是瑞喜宫塔吧？"米娜毕竟在来之前已经做过了功课。

"没错，米娜，你给多多讲讲它的概况吧，省得多多一会儿又是一头雾水。"路易斯大叔说。

"嗯！"米娜当仁不让地娓娓道来，"瑞喜宫塔是11世纪的时候由阿奴律陀王发起兴建的，前后用了将近60年才完工，直到阿奴律陀王去世也没有完工，最后还是由江喜佗王继续主持修建完成的。瑞喜宫塔高40多米，正方形的各级塔基上遍布着小塔，

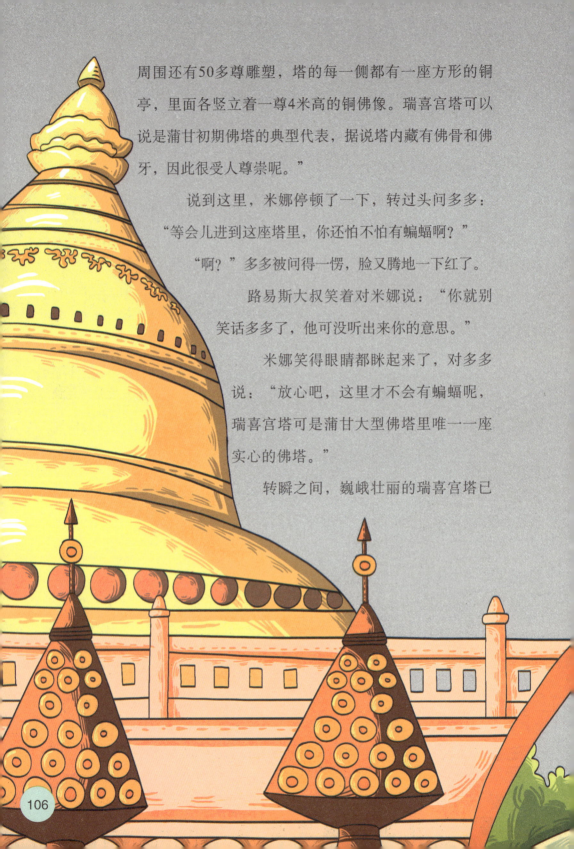

周围还有50多尊雕塑，塔的每一侧都有一座方形的铜亭，里面各竖立着一尊4米高的铜佛像。瑞喜宫塔可以说是蒲甘初期佛塔的典型代表，据说塔内藏有佛骨和佛牙，因此很受人尊崇呢。"

说到这里，米娜停顿了一下，转过头问多多："等会儿进到这座塔里，你还怕不怕有蝙蝠啊？"

"啊？"多多被问得一愣，脸又腾地一下红了。

路易斯大叔笑着对米娜说："你就别笑话多多了，他可没听出来你的意思。"

米娜笑得眼睛都眯起来了，对多多说："放心吧，这里才不会有蝙蝠呢，瑞喜宫塔可是蒲甘大型佛塔里唯一一座实心的佛塔。"

转瞬之间，巍峨壮丽的瑞喜宫塔已

经呈现在三个人眼前。这里到处都是金光闪闪的感觉，除了圆鼓鼓的塔身上雕刻着精美的花纹，塔基之间的方砖上，也到处都是精致的浮雕，整座建筑在蓝天白云的映衬下，尤其显得雄伟庄重。

"这座塔号称是一座完全使用石材堆砌成的塔，传说当初选址的时候，国王让一头白象驮着佛骨舍利行走，白象停步的地方，就是建造佛塔的地方。建塔的工匠有不少是从南部的直通王国俘获的孟族工匠，他们技艺高超，并且在建塔时无形之中还融入了自己的文化，因此说瑞喜宫塔是缅甸第一座带有自己独特风格的佛塔一点都不夸张呢。"

"咱们看到的这些佛塔真是太漂亮了！"米娜轻轻地说。

"就是这些造型各异的佛塔，使蒲甘与柬埔寨的吴哥窟、印度尼西亚的婆罗浮屠一同，被称为'东南亚三大奇迹'呢。"路易斯大叔

说。

虽然在前一天，路易斯大叔说要让多多和米娜用一种从没尝试过的方式看日出，但两个孩子以为至多就是换一座塔，找一个更开阔的 望台看罢了。而坐上热气球看日出，却是多多和米娜想都没有想过的事情，路易斯大叔给他们制造了这份惊喜。

路易斯大叔带着多多、米娜来到古塔群的时候，天空还是遍布星斗，只在地平线的尽头稍微有一点微微发亮的痕迹。米娜看见足以容纳他们三个人的吊篮和还没被充起来的气球，就已经猜到了八九分；而多多则是在气球已经在粉红色火焰产生的热量作用下做好了腾空而起的准备时，才明白原来他们将要高高地飞上天空来观赏日出的胜景。

远处天空，开始出现了日出前特有的鱼肚白，而路易斯大叔带着多多、米娜已经站进了吊篮，操纵气球的当地人熟练地解开绳套，气球开始慢慢离开地面，垂直上升，眨眼之间，就已经飞到了佛塔顶端。地平线尽头的白光越来越亮，上面的玫瑰红色也越来越深，而脚下的佛塔则变得越来越小。

林中弥漫着的雾气使佛塔若隐若现。"这些白雾是从哪里来的啊？"多多问。

路易斯大叔说："一些是植物散发出的水汽，一些是这里的居民早晨起来生火的炊烟，混在一起，就制造出了这种梦幻效果啦。"

"太阳出来啦！"米娜拉拉路易斯大叔的衣袖。他们一起往米娜

指着的地方看去，只见远处天空的玫瑰红下面，一道亮亮的圆弧从地平线下面探了出来，很快，无数条金线透过朝霞喷薄欲出，几个人目不转睛地盯着每一个稍纵即逝的瞬间。好像有什么在下面托着一般，太阳先从云缝间只露出个头，到露出一半，就突然全部升起来，虽然运动得很缓慢，缓慢到可以让人看清楚每一个变化的细节，但是却也是在持续地运动，待到跟地平线已经保持了一些距离，才暂时停了下来。

晨光下，暖暖的橘色温柔地包裹着地面上星罗棋布的佛塔。

"看！那是达玛雅吉塔！"多多指着下面一个暗红色的小方块叫道。

"真的是啊。"米娜也觉得很兴奋。

"你们回去要写篇游记哦，就叫'最美的日出'。"路易斯大叔在旁边笑着说。

塔

　　塔是一种起源于古代印度窣堵坡的建筑形式，本为高僧圆寂之后的埋骨建筑。随着佛教传入中国，窣堵坡与中国古典的楼阁相结合，并且经历了各朝代的发展演变，形成了楼阁式塔、密檐式塔、亭阁式塔、覆钵式塔、金刚宝座式塔、宝箧印式塔、五轮塔、多宝塔、无缝式塔等多种形态结构各异的塔系，建筑材质也从传统的夯土、木材扩展到了砖石、陶瓷、琉璃、金属等。

　　塔的结构一般由建塔基之前修建、里面安放盛有舍利的大石函或石塔等的地宫，覆盖在地宫之上作为塔身基础的基座，塔身，及刹座、刹身、刹顶三部分构成的塔刹组成。

仰光，是路易斯大叔、多多和米娜缅甸之旅的最后一站。已经见识了那么多美丽的景致，现在，三个人奔走的节奏也似乎一下子慢了下来。

"景点上，咱们主要是看看大金塔，然后就要开始真正体会一下缅甸人民的生活状态。"

"仰光也是一座历史悠久的古城呢。"在去向大金塔的路上，路易斯大叔给多多和米娜简要说了一下仰光同样饱经沧桑的历史，

"在大约2500年前，这里就是一个有人居住和生活的小渔村了，在11世纪的时候被命名为大光，18世纪的贡榜王朝把大光改名为仰光，这是'敌人'和'走出去'两个词放在一起的组合，也表达了国王希望自己能够给百姓带来安定与和平的美好愿望。"

"那时候的仰光已经是缅甸的首都了吧？"多多问道。

"还不是，虽然仰光毗邻仰光河，并处在伊洛瓦底江三角洲，以方便的运输条件成为缅甸第一大港口，但那时候的首都还在曼德勒，

直到19世纪中叶，英国把缅甸变成自己的属地，首都才从曼德勒迁到了仰光。"路易斯大叔缓缓说道。

"哦，原来如此。怪不得我看到了好些个暗红色屋顶的英式建筑，它们应该就是从那个时代留下来的吧……"米娜想了想点。

"喏，你们瞧，那里也有一座。"多多突然指着对面大喊起来。

路易斯大叔摸了摸多多的头，笑着说："小孩儿眼神还挺好的呀！这是仰光最大最热闹的集市——昂山市场，它的建筑结构和内部鹅卵石步道都带有殖民时期的建筑风格。"

"集市？那我可以在里面买到缅甸的漆器咯？"米娜兴奋地

问到。

"那我可以在里面买到好吃的东西吗？"多多也好奇地发问。

"那当然了。昂山市场里的货品琳琅满目的，种类可多了！那里不光向国外游客出售各种精美的古董、珠宝、艺术品，还有针对当地人消费的药店、食品店、服装店等，是个名副其实的'大'集市呢。"路易斯大叔介绍道。

"那还等什么，我们快去逛逛吧！我肚子都饿得咕咕叫了。"多多说着就迫不及待地拽着路易斯叔叔和米娜往昂山市场走。

　　市场里果然人来人往，热闹非凡。三人不仅在市场如愿品尝了缅甸小吃，还买到了许多心仪的缅甸手工艺品。这下可太满足了！

　　等填饱肚子后，路易斯叔叔终于带着多多和米娜来到了仰光大金塔。没等靠近，他们就远远看见了宝塔的塔身。

　　路易斯叔叔指着远处介绍说："这座塔又叫瑞达光大金塔，距今已有2600多年的历史，它的名气可大了，是与柬埔寨的吴哥窟齐名的东南亚古建筑。别看它现在这么高，起初建造时，它的塔身只有20多米高，还是后来经过多次修缮扩建，才达到如今这112米的高度。"

　　"所以说它真的是拿金子建造的吗？"多多目不转睛地盯着眼前这座金光闪闪的庞然大物问道。

"哈哈哈，要是那样的话，得准备多少金子才够用呀？！"路易斯叔叔笑着说，"大金塔的主体实际上是用砖砌成的，不过人们把它的塔身贴满金箔，光是这样，所用的黄金就有7吨多重呢！此外，塔的四周还挂着不计其数的金铃、银铃，镶嵌着上千颗宝石呢。"

　　"听上去真是大手笔呀！难怪它会成为缅甸的国家象征。"一旁的米娜也忍不住赞叹道，"咱们赶紧去参观吧！"

　　说完米娜拽着路易斯叔叔和多多就往大金塔走。三人直至逛到下午，才依依不舍地离开仰光大金塔。

漆器

漆器是一种把生漆涂在器物的胎体表面作为保护膜制成的工艺品或者生活用品。其中，胎体表示被漆所依附涂抹的本体，种类有木胎、竹篾胎、藤胎、布胎、皮胎、金属胎、陶瓷胎等；漆则是从树上割取出来的乳白色漆液，具有黏性大、质地坚、耐酸碱高温、防水防蛀等特点。

中国有悠久的制作和使用漆器历史。春秋战国时期，漆器已经出现在生活用品之中。秦汉时期，漆器因为胎体轻便、光泽美丽，逐渐取代了青铜器。盛唐时期，漆器的金银平脱、螺钿、雕漆等费时和昂贵的制作技术极为盛行。明代除了官设的漆器制造单位外，民间漆器的生产也遍及全国，同时也对东南亚和日本的漆器工艺产生了深刻的影响。

第12章
发自内心的笑容

　　轰鸣的引擎把客机从仰光机场的跑道上推向云霄，机舱里，多多在窗口望着下面越来越小的建筑，心里不由得生出了一点怅惘。

　　米娜则开始拿出数码相机，翻看这些天拍下的照片。她突然发现拍下的照片之中，除了日出日落、蓝天白云下的各种建筑，只要是拍摄到缅甸人生活场景或者肖像的照片，不论何时何地，照片上主角的脸上都洋溢着不矫揉、不虚假的笑。

　　"咦？他们都在笑。"不知道什么时候把脑袋凑过来的多多也发现了这个奇特的现象。

是啊，他们都在笑，在缅甸的每个角落，无论是寺院里潜心修行的僧侣，还是道路旁提供茶水的老人；无论是游玩在蒲甘佛塔间的孩子，还是行走在仰光街道上的青年，脸上都是开心真诚的笑容。虽然有些时候他们在面对陌生人的镜头时会有一些腼腆和羞涩，但是笑容绝不会因此而消减，哪怕一点点。在他们各种不同笑容的背后，是那种多多和米娜在以前游历过的地方，尤其是奔忙穿行在大城市里钢筋水泥丛林间的人们脸上难以见到的发自内心的满足。

多多望着窗外仿佛静止在云层上方、被阳光照射得有些刺眼的机翼："天空中没有留下翅膀的痕迹，但我已经飞过。"

米娜被多多皱着眉头"掉书袋"的样子逗笑了："你还卖弄泰戈尔的诗啊，你连这句诗出自哪里都不知道吧？"

"《飞鸟集》呗，都说到翅膀了，当然是跟鸟有关啊，再说了，这是我现在的心情写照嘛。"多多不服气地说。

　　米娜扑哧一下笑出声来："有翅膀就是飞鸟啊？这是《流萤集》

里面的一句诗。你啊，总是一戳就露馅儿。"

路易斯大叔也笑了："那米娜你呢？有什么'心情写照'吗？"

米娜认真地想了想，说："我觉得在这片土地上迎接日出、欢送日落的人们心底一定是充满感恩与爱的，所以纪伯伦的几句诗可能更适合，'清晨醒来，以喜悦的心来致谢这爱的又一日；日中静息，静默祷念爱的浓欢；晚潮退时，心存感谢地回家；然后在睡时祈祷，因为有被爱者在你心中，有赞美之歌在你的唇上。'"